DIE LIEBE TRIFFT DAS LEBEN

von Mari

Illustrationen: Willy Reinhard

ISBN 978-3-7323-0628-2 (Paperback)
978-3-7323-0629-9 (Hardcover)
978-3-7323-0630-5 (e-Book)

DIE LIEBE TRIFFT DAS LEBEN

Du bist aus Achtung voreinander entstanden
als liebende Herzen zueinander fanden
du bist unsere Hoffnung in düsteren Tagen
unsere Liebe soll dich durchs Leben tragen

Etwas unsagbar Schönes wurde vollbracht
Gefühle entflammten im Schutze der Nacht
du warst unser Sehnen und all unser Streben
du bist die Liebe und du bist das Leben

LIEBE IM GEPÄCK

Ach kleiner Mann heut schon groß
pustest aus die Geburtstagskerzen
bist kaum entsprungen meinem Schoß
immer aufgelegt zu Scherzen

Genieße jeden Augenblick
bewahre die Freude dir im Leben
wir begleiten dich des Wegs ein Stück
möchten Halt und Rat dir geben

Gehst du dann in die Welt hinaus
unsere Wünsche dich begleiten
Liebe und Vertrauen im Elternhaus
als Marschgepäck beim Schreiten

VERTRAUEN

Ich reiche dir die Hand mein Kind
weil wir so eng verbunden sind
ich spüre dich bei mir ganz nah
umarme dich, bin für dich da

Lass all den Kummer hinter dir
sprich dich aus, vertraue mir
ich kann versuchen zu verstehen
die Welt mit deinen Augen sehen

Was dir heute Kummer macht
was dich um den Schlaf gebracht
das Leid verteilen wir auf zwei
halte meine Hand, ich steh dir bei

Du wirst sicher eine Lösung finden
all der Kummer wieder schwinden
ich danke dir für dein Vertrauen
du kannst immer auf mich bauen

MEIN GRÖSSTER WUNSCH

Mein größter Wunsch ist mein Kind
dass wir sehr oft zusammen sind
möchte malen die Welt in Farben
dass deine Träume Flügel haben

Große Augen blicken zu mir
was du nicht weißt, erklär ich dir
werde achtsam dich begleiten
dich umsorgen zu allen Zeiten

Leg deine Hand in die Meine
beim Balancieren über Steine
mein Enkelkind sei dir gewiss
dass du für mich das Größte bist

GLÜCKLICH

Ich liebe das Leben
die Sonne, das Meer
von Bergen umgeben
den Himmel weither

Ich liebe zu leben
getragen von Wind
mit Augen zu sehen
als wär ich noch Kind

Mit Freude am Leben
für dich da zu sein
so stellt sich für mich
das Glücksgefühl ein

FÜR MEINEN ENGEL

Dort drinnen in deinem Schlafgemach
liegt ein Schatz, ist nicht mehr wach
genau, wie in der letzten Nacht
hat er es sich bequem gemacht

Die Wärme und das Wohlgefühl
dass du ihn schützt, er haben will
er streckt sich aus und macht sich breit
wirft sich hin und her die ganze Zeit

Zart, ganz zart legst du ihn nieder
in seinem Bettchen ist er wieder
seine Äuglein, die sind zu
findet friedlich schlafend Ruh

Lächeln umspielt den Kindermund
beim Träumen zu so später Stund
du kannst dich nicht satt dran sehen
und bleibst an dem Bettchen stehen

Die Liebe hat dein Herz erfüllt
du bist nun völlig aufgewühlt
Beschützer willst du immer sein
für dein Kind, es ist noch klein

Eine Träne dir im Auge steht
bevor es zurück ins Bett nun geht
letztlich schläfst du selig ein
wie schön ist´s doch, Vater zu sein

NAH BEI MIR

So ich entlang des Baches schreite
weil mir des Lebens Lauf gefällt
dann dem Wind die Arme breite
erscheint mir friedvoll diese Welt

Wie das Grün zum Lichte strebt
im Ursprung steter Erneuerung
Wassers Kraft sich Bahnen webt
fühle ich des Lebens Wandelung

Vöglein singen lauthals Weisen
verleihen schönster Töne Zier
Glücksgefühle gehen auf Reisen
werde ganz still, bin nah bei mir

HIMMELSGLUT

Blühend Garten der Gefühle
leuchtend Pracht im Abendrot
atemberaubend Farbenspiele
sich mir Himmels Zauber bot

Lieblich Duft jasminer Träume
moosgrün warmer Untergrund
lauer Wind in Lebensbäume
sanfter Kuss auf Honigmund

Wohlig warme Wonnewogen
heller Glanz im Sternenschein
lichtdurchflutet Flammenbogen
Schönheit Fülle nimmt mich ein

BLAUE STUNDE

Wangenrot nimmt Atempause
Apfeltaschen zum Dessert
lieblich mundet rote Traube
für dich einen Kirschlikör

Jadegrün in deinen Augen
schimmert sanft im Kerzenlicht
Bernsteinfarben Atem rauben
Erdbeermund formt ein Gedicht

Welch Genuss in blauer Stunde
Seele baumelt am Kamin
letztes Glas geführt zum Munde
wohlig Ruh, entspannter Sinn

DU ...

sprichst zu mir ohne Worte
bist für mich da, weit fort
spürst meine Angst, ohne Nähe
weißt, wann ich dich brauch

bist in meinem Herzen
wirst dort immer sein
kannst mich gut verstehen
du bist mit mir vereint

bist kein naher Verwandter
gehörst biologisch nicht zu mir
bist mehr als ein Bekannter
du füllst die Seele mir

GEDANKEN AN DICH

Mein lieber Freund
ich denk an dich
in deinen schweren Stunden
ich hoffe wirklich inniglich
du hast einen Weg gefunden
der Kraft dir gibt und Zuversicht
die du brauchst, um zu gesunden

DU BIST IN MIR

Du bist in mir
ich kann dich spüren
deine warmen Strahlen
mich tief berühren
gibst Halt und Zuversicht
du lebst in mir
und ich atme dich

Jeder Zug reiner Lebensmut
ich lebe durch dich
das tut mir gut
du bist in mir
die Erfüllung für mich
der Liebe Hauch
mehr brauche ich nicht

DES LEBENS PRACHT

Des Mondes Schleier legt sich nieder
auf des Schwanes weiß Gefieder
Stolz und Anmut von dem Tier
füllt mit Glück die Seele mir

Der Bäume magische Gestalten
lassen mich noch inne halten
im Alter sie voll Kraft sich heben
es wächst die Achtung vor dem Leben

Die Natur in Pracht und Fülle
ein Ort des Friedens und der Stille
ich schlendere durch Raum und Zeit
fasziniert von ihrer Herrlichkeit

Lächelnd kommt mir in den Sinn
dass ich ein Teil des Ganzen bin
dies zu schützen und zu hegen
meine Aufgabe fürs Leben

NUR MIT DIR

geht für mich die Sonne auf
kann ich den Regenbogen sehen
nimmt der Tag einen guten Lauf
würde ich durchs Feuer gehen

kann ich den Moment genießen
bin ich fröhlich im Augenblick
sehe ich die Blumen sprießen
empfinde ich das Uns als Glück

möchte ich in Zukunft leben
habe ich die Angst verloren
spüre ich ein tiefes Beben
fühle ich mich neu geboren

kann ich gut Gespräche führen
habe ich mein Ich gefunden
gelingt es Liebe zu erspüren
fühle ich mich tief verbunden

NUR BEI DIR

In himmlischen Sphären
die Liebe begehren
gestillt das Verlangen
mit Wärme umfangen

Den Frieden zu finden
in Träume entschwinden
deine Nähe zu spüren
die Seele berühren

Zärtlichkeiten zu tauschen
liebe Worte zu hauchen
dass ich mich verlier
empfinde ich nur bei dir

BALSAM FÜR DIE SEELE

Es bricht herein die Abendschwüle
das Kissen ist noch Atem schwer
ich such in deinem Schatten Kühle
die Brust bedeckt von Haares Meer

Raunen dröhnt durch meine Kehle
und das Bewusstsein wächst in mir
du füllst mit Liebe mir die Seele
bewundernd liegt der Blick auf dir

Dein Lächeln meine Welt belebt
du bist aus tiefem Schlaf erwacht
als sich der Wimpernschleier hebt
erstrahlt ein Licht in dunkler Nacht

Der Hauch von Kuss auf Seidenhaut
als Schmetterling entpuppst du dich
der Anblick mir meine Sinne raubt
komm flieg mit mir ins Mondeslicht

ICH TRAGE DICH

Ich trage dich auf weißen Flügeln
über die Hügel steter Zeit
schmücke mich als Liebes Zeuge
mit einem roten Sehnsuchtskleid

Lege schützend mich hernieder
wenn stürmisch Winde wehen
keine Tränen der Verzweiflung
wirst du in meinen Augen sehen

Für dich halt ich auf die Hände
sollte es rote Rosen regnen
mit meinem Kusse werde ich
deine wunden Lippen segnen

Vertrau dich mir im Herzen an
wo nur für dich ein Feuer brennt
leidenschaftlich Flammen lodern
Licht durchflutet das Firmament

Lass mich dich ins Diesseits tragen
und dir die goldene Seite zeigen
nichts ist mehr zu hinterfragen
gemeinsam genießend schweigen

DER SEELENPFAD

Über Wolken tanzend fliegen
nicht der Schwerkraft unterliegen
leichtfüßig und elegant
übern Regenbogen schreiten
sehr apart und charmant
vom Gefühl lass ich mich leiten

Immer in Richtung Sonnenlicht
verbrennen werde ich mich nicht
denn im Traum ist alles möglich
ich genieße des Himmels Blau
alles scheint so herrlich wirklich
ich wach auf und weiß genau

Meine Liebe wird mich tragen
bis hin zum Horizont
an guten wie an schweren Tagen
dorthin wo deine Seele wohnt
sie wird sich mit meiner einen
gemeinsam lachen und auch weinen

IM SPIEGEL DER LIEBE

Weil jeder Tag besonders ist
wenn du in meiner Nähe bist
kann ich frei sein und es wagen
mein Innerstes nach außen tragen
mich dir zeigen - ungeschminkt
weil meine Fehler keine sind
gar liebenswert für dich erscheinen
du lässt mich lachen und auch weinen
das zu zeigen, was du in mir siehst
gelingt mir nur, weil du mich liebst

EINKLANG DER HERZEN

In deiner Augen Lichterglanz
ich mich sinnend sehe
funkelnd schöner Sternentanz
ich spüre, ja, ich lebe

Du weckst Gefühle tief in mir
mein Herz will sich verbinden
mir wird klar, mich zieht´s zu dir
möchte deine Seele finden

Ein Lächeln umspielt meinen Mund
Herzen im Einklang schlagen
Glückseligkeit, du bist der Grund
heut und an allen Tagen

Vollkommenheit, sie ist erreicht
wenn wir uns zwei vereinen
ich fühle mich sicher, federleicht
könnte vor Freude weinen

ICH FAND ZU MIR

In deiner Augen Tiefe
da hab ich mich verloren
es war als ob ich schliefe
bin wie neu geboren
durch deiner Liebe Zärtlichkeit
die mich von all der Last befreit
von Hast und Ruhelosigkeit
in dieser allzu schnellen Zeit
fand ich mich durch dich

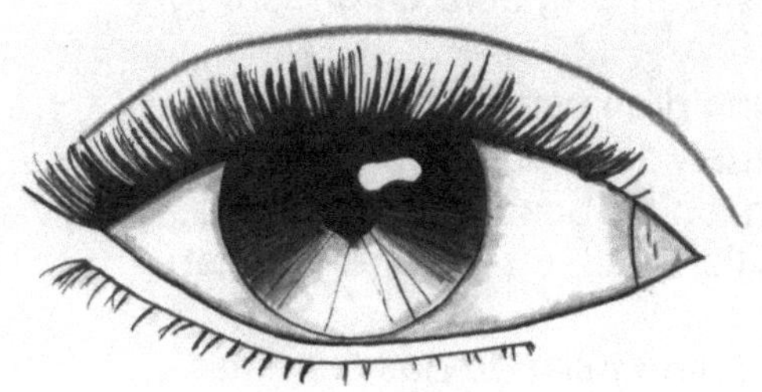

ERFÜLLUNG

Du bist die Erfüllung meiner Träume
du bist das größte Glück für mich
verzeih, wenn ich vor Freude weine
ich denke gerade wieder an dich

Meinem Sehnen gabst du Hoffnung
meinem Begehren neue Nahrung
die Zärtlichkeit hat ihren Ursprung
jede Berührung eine Offenbarung

Es sind die kostbaren Momente
in denen du mich selig machst
wenn ich dir beschreiben könnte
wie viel Glück du in mir entfachst

Zum Rand füllst du das Herz mir
so voll mit Liebe und mit Wärme
ich schick Träume himmelwärts dir
du zeigst mir immer neue Sterne

Du bist die Antwort tiefer Sehnsucht
vermagst mir Wünsche zu vereinen
bist der, nach dem mein Herz ruft
denn es schlägt im Takt mit deinem

Hoffend füllst du mir meine Seele
jeder Tag, ein Geschenk für mich
drei Worte, die ich für dich erwähle
du, mein Schatz, ich liebe dich

FÜR MEINEN MANN

Ich sehe mit dir der Zukunft entgegen
ach, weißt du ich habe ein Glück
ich fand mit dir im Spiel des Lebens
das Stück, welches mich ergänzt
mich fordert, mich tröstet,
mich treibt, mich fängt und auch hält
in dieser ruhelosen Welt und doch
respektierst du mich so, wie ich bin
dir eines zu sagen, danach steht mir der Sinn
ich stehe für dich und du stehst für mich
wir lieben uns, mehr braucht es nicht

EINE INSEL FÜR DIE TRÄUME

Eine Insel für die Träume
du malst sie dir so gerne aus
es sind für dich der Wald, die Bäume
hier fühlst du dich zu Haus

Du malst sie dir so gerne aus
wenn du die Gedanken trägst
hier fühlst du dich zu Haus
weil du frei atmest und du lebst

Wenn du die Gedanken trägst
es zieht dich in den Wald hinein
weil du frei atmest und du lebst
hier wirst du immer glücklich sein

DU BIST

Ich bin die Wange, du die Hand
die mich zärtlich sanft berührt
ich bin der Glaube, du das Gewand
in dem man sich Zuhause fühlt

Du bist die See und ich das Schiff
das auf den Wellen sanft sich wiegt
du bist die Brandung, ich das Riff
welches dem Leben Hoffnung gibt

Bin ich der Anfang und du das Ende
bist du die Liebe und ich das Leben
bin ich das Haus, bist du die Wände
die unser Heim schützend umgeben

DU MEIN

Du, Trauerweide meines Herzens
bist mir die Nacht noch vor dem Tag
in der ich wunderschöne Träume
in des Baumes Krone trag

Du, Lobgesang auf meinen Lippen
bist mir der Atem in der Kehle
der mich durchströmt, am Leben hält
du bist mir Hand auf meiner Seele

Du, mein Schatz, nur du allein
bist mir Weide und Gesang
du lässt am Leben mich erfreuen
verweile bei dir, sing stundenlang.

WUNDER GESCHEHEN

Ich werde keine Wunder von dir erwarten
will nicht, dass du für mich die Welt einreißt
wir werden weiter Richtung Zukunft starten
ein Schicksalsschlag zusammen schweißt

Du musst nicht auf ein Wunder hoffen
denn es ist dir schon längst geschehen
uns steht ein gemeinsames Leben offen
wir werden schwere Zeiten überstehen

War´s ein Wunder, als wir uns gefunden
ich lass dich auf keinen Fall mehr allein
denn, auch in diesen schweren Stunden
stehen wir für uns und unsere Liebe ein

SANFT

Sanft bewegst du dich, ganz sanft
ich spüre deine warme Hand
sie streichelt mich um den Verstand
entführt mich in ein fernes Land

Verlegen trifft dein Blick auf mich
verträumte Augen suchen dich
der Sternenhimmel öffnet sich
ganz ohne Flügel schwebe ich

Mit dir gemeinsam zu entschwinden
wer weiß, wo wir uns wiederfinden
im siebten Himmel unter Linden
möcht ich dir meine Liebe künden

Zart, so zart küsst du mich
als wär´s das erste Mal für dich
von dir gehalten wonniglich
bis die Nacht dem Morgen wich

SEHNEND (Pantun)

Lippenrot kann Küsse spüren
Hände streicheln Wangen warm
Sehnen mag Verlangen schüren
Bedürfnis nimmst du in den Arm

Hände streicheln Wangen warm
Liebe dringt durch Poren ein
Bedürfnis nimmst du in den Arm
Gewissheit mit dir Eins zu sein

Liebe dringt durch Poren ein
Takt der Herzen wilder Schlag
Gewissheit mit dir Eins zu sein
Licht durchflutet nun der Tag

Takt der Herzen wilder Schlag
Sehnen mag Verlangen schüren
Licht durchflutet nun der Tag
Lippenrot kann Küsse spüren

UMFANGEN

Bin von deinen Schenkeln
in wilder Gier umfangen
die Lust, sie wird uns einen
ich spüre dein Verlangen
Hitze das Blut in Wallung bringt
das Schwert, es ist gezückt
ich will, dass jeder Stoß gelingt
dein Blick der Welt entrückt
süßlicher Duft , der Atem schwer
gehärtet Manneskraft
ich gebe mich hin
verlangst nach mehr
ungezügelt, Leidenschaft

EROTISCHE GEDANKEN

Mit zitternden Händen
sich dir zuwenden
den Schmerz in den Lenden
mit feuchten Lippen
den Partner beglücken
vor Freude entzücken
näher zu rücken
den Körper massieren
den Schauer ihn spüren
ohne zu frieren
sich öffnen, umschließen
beim Höhepunkt ergießen
jede Bewegung genießen
die Wogen der Lust
schwer atmend sich
hebend die Brust
vergessen der Frust,
Wärme in sich spüren
sich gegenseitig verführen
federleicht sich zu fühlen
um in wild feuchten Tüchern
entspannt dann zu kichern
und Frieden zu finden

BEGEHREN

Auf der Suche nach dem Leben
traf ich dich am Strand allein
wollte dich, warst mein Begehren
lädst meine feuchten Lippen ein
sich auf dir zu Verlustieren
dieses Kribbeln macht mich an
lass meinen Körper leicht jonglieren
wild und fordernd, ganz spontan,
Deine Wärme kann ich schmecken
Meine Lippen löschen Brände
will die Sehnsucht von dir lecken
benutze dazu nicht die Hände
denn mein Mund wird den Weg finden
dich verwöhnen ohne Zahl
brauch dich dazu nicht zu binden
hör dein Stöhnen, süße Qual

MEIN HIMMEL

Heißer Atem , wilde Lust
ich spüre das Verlangen
zarte Knospen deiner Brust
ich will sie sanft umfangen
zeigen mir deine Erregung
liegst auf weißen Stoffen
bei jeder deiner Bewegung
bleibt kein Wunsch mehr offen

Zärtlichkeiten tauschen wir
Körper tanzen wilde Reigen
gesteigert grenzenlos Begier
möcht dir meinen Himmel zeigen
wo du schwebend Sterne siehst
funkelnd sie im Aug dir liegen
vor Wonne ich in dir zerfließ
Körper sich im Rhythmus biegen

Haut an Haut Gedanken fliehen
und die rote Flamme lodert
keiner kann sich dem entziehen
wir haben uns im Sturm erobert
bis wir in Erschöpfung fallen
ich komm neben dir zum Liegen
deine Fäuste im Stoff sich ballen
wir landen just vom Fliegen

VERSCHMELZEN UND VERGEHEN

Mein Erdbeermund sucht die Berührung
in Sehnsuchtstiefen der Verführung
erwartungsvoll die Glut entfacht
ein Flammenmeer in dunkler Nacht
schier losgelöst Geduld verpufft
es liegt ein Knistern in der Luft
Perlen tanzen, Liebesbeben
ich küss als ging es um mein Leben
fordere auf zum Zungenspiel
erst sanft, dann wild mit viel Gefühl
schweb in weiten Himmelssphären
um dein Verlangen noch zu mehren
press ich mich fest in deinen Arm
Gefühle fahren Achterbahn
sich aneinander zu vergehen
die süße Lust mit dir erleben
der Boden schwankt unter den Füßen
wenn wir uns minutenlang inniglich küssen

IN DEN NEUEN TAG (Pantun)

Du schwebst so in den neuen Tag
aus tiefer Nacht bist du entbunden
dein Lächeln ich an dir sehr mag
hab´ Lebenskraft darin gefunden

Aus tiefer Nacht bist du entbunden
betörst mit deiner Leichtigkeit
hab´ Lebenskraft darin gefunden
sie trägt mich mutig durch die Zeit

Betörst mit deiner Leichtigkeit
lässt Glücksgefühle ziehen ein
trägst mich zärtlich durch die Zeit
fühl mich in deiner Näh´ daheim

Lässt Glücksgefühle ziehen ein
dein Lächeln ich an dir sehr mag
fühl mich in deiner Näh´ daheim
du schwebst so in den neuen Tag

ZEITLEBENS

Wenn es keinen Morgen gibt
möcht ich dir heut sagen
du bist die, die ich so lieb
musst nicht danach fragen

Gibt es keinen Morgen mehr
möcht ich dich heut halten
öffne dir mein Seelenmeer
mit all den Sturmgewalten

Ist ein Morgen für uns fraglich
leb ich diesen Moment mit dir
als neigte der letzte Tag sich
wir sind jetzt und wir sind hier

FRÜHLINGSZAUBER

Frühlingsrauschen, Blumenmeer
buntes Treiben ringsumher
Vögel zwitschern, tirilieren
möchtest tanzen, musizieren

Gefühlsausbrüche, Freudentaumel
lässt die Seele einfach baumeln
vieles fällt dir wieder leicht
Aufbruchsstimmung der Starre weicht

Neuanfang und Frühjahrsputz
alles raus, was unnutz
hast in Geduld dich lang geübt
bis Winter seine Herrschaft übergibt

…bist in den Frühling ganz verliebt

HERBSTLICHES

Herbst verleiht den Bäumen buntes Laub
die Sonne schmeichelt seinen Farben
alles Vergängliche zerfällt zu Staub
zuvor kommt Naturschönheit zum tragen
des Herbstes warmer Pinselstrich
bleibt keinem Aug verborgen.
im Herbst des Lebens sage ich:

Der Augenblick zählt, nicht das Morgen.

WINTERZAUBER (Pantun)

Wenn Flocken tanzend sich bewegen
zart bedeckt sind all die Bäume
Sternen gleich am Himmel schweben
bin in mitten weißer Träume

Zart bedeckt sind all die Bäume
Flockenzauber, glitzernd der Schnee
bin in mitten weißer Träume
wenn ich durch Winterwälder geh

Flockenzauber, glitzernd der Schnee
all die Pracht und Herrlichkeit
wenn ich durch Winterwälder geh
genieße ich die kalte Zeit

All die Pracht und Herrlichkeit
Sternen gleich am Himmel schweben
genieße ich die kalte Zeit
wenn Flocken tanzend sich bewegen

HEILIGE NACHT

Der Schnee fällt lautlos auf die Erde
der Märchenwald ist weiß bestäubt
Weihnachtsmann mit Rentierherde
Glockenklang mit laut Geläut

Kinderaugen leuchten fröhlich
Geschenke unterm Tannenbaum
Oma, Opa schluchzen rührig
Kerzenschein erfüllt den Raum

In Gotteshäusern hält man Andacht
für Frieden und Barmherzigkeit
festlich geschmückt in Heiliger Nacht
wie selig doch die Weihnachtszeit

DAS WUNDER DER LIEBE

Aus Liebe wachsen diese Zeilen
angesichts ihrer Kraft
immer bei mir zu verweilen
nur die Liebe hat die Macht

Verständnisvoll sich zu zuwenden
in schweren Zeiten beizustehen
mich zu tragen nicht nur auf Händen
mir direkt ins Herz zu sehen

Um den Menschen zu ergründen
dessen Licht von innen glimmt
ein Lebenslicht für ihn entzünden
welches ihn dann selig stimmt

Deshalb schreibe ich heut hier
in Dankbarkeit und Achtung vor ihr

SPRACHE DER LIEBE

Worte von der Liebe sprechen
aus Phantasie und Träumen
somit jene Zweifel brechen
die sich vor ihr aufbäumen

Empfange meine Zärtlichkeit
die in jedem Ton dir klingt
liebevolle Verbundenheit
in einsame Herzen dringt

Spüre den leichten Sonnenkuss
der Sprache schönster Klang
streichelt dich mit Hochgenuss
klingt sanft wie Lobgesang

Nimm als Geschenk von mir
der Liebe Symphonie
bette sie in die Seele dir
und lausche ihrer Melodie

DER LIEBE URSPRUNG

Aus einer Quelle sie entspringt
und tief in meine Seele dringt
sie füllt sie an mit Zärtlichkeit
mit Wärme und Geborgenheit

Von dort findet sie den Fluss
der mundet dann in einem Kuss
auf mein kleines Herze mir
das öffnet seine Eingangstür

Um Liebe gänzlich zu erspüren
es folgt ein Ausbruch von Gefühlen
die Welt erscheint mir Watte weich
ich fühle mich grenzenlos reich

Dass ich vom Glück gesegnet bin
ich darf und kann und geb mich hin
empfinde Liebe und schenk sie dir
denn du bist ja der Grund dafür

WENN LIEBE MEINE SPRACHE WÄRE

Wenn Liebe meine Sprache wäre
würde ich sie zelebrieren
um dir zu schenken, dich zu nähren
Lobgesang könnt dich verführen
dich umgarnen und verzaubern
sanfter Regen - Freudentränen
ließen dich vor Wonne schauern
meine Worte all dein Sehnen
die dich trügen durch die Nacht
flüsternd sanft ein lauer Wind
fändest Halt, so du mal schwach
streichelten dein Seelenkind
das auf einem Schimmel reitet
ob es wohl Erfüllung find
jeder Ton das Herz dir weitet
den mein Mund in Lieb verkünd

QUELL DER LIEBE

Wenn ohne dich die Seele weint
vor Einsamkeit mein Herz zerreißt
Glück nicht vollkommen scheint
Sehnsucht Quelle Tränen speist

Ich ohne dich nur halb da bin
Leben nicht so bunt erscheint
in deiner Liebe liegt der Sinn
mit dir zu einem Wir vereint

Lässt mich übern Regenbogen
tanzen bis hin zum Horizont
bin noch nie so weit geflogen
dorthin, wo Erfüllung wohnt

Sprichst zu mir auch Ungesagtes
durch den Blick, ohne ein Wort
keiner von uns hinterfragt es
tiefes Verständnis der Seele Hort

Deine Liebe trägt mein Lächeln
und die Gefühle wachsen daran
ohne dich muss ich damit rechnen
verlassen fahren sie Achterbahn

Möchte die Liebe mit dir erleben
du bist mit mir seelenverwandt
ich kann und werde alles geben
in Liebe, das Herz und die Hand

ERWACHEN

Ein wenig Hoffnung für das Herz
für die Sehnsucht die Erfüllung
für das Gemüt ein kleiner Scherz
und fürs Verlangen die Enthüllung

Einen Teil der Heimlichkeiten
behalt ich noch für mich zurück
denn so lass ich Spannung walten
auf dem trauten Weg ins Glück

Für die Seele sanft ein Streicheln
einen Kuss auf zarte Lippen
um mit Worten dir zu schmeicheln
dich mit Taten zu entzücken

GLÜCKLICH

Ich wünschte, Regen fiele
auf trockne Felder meiner Seele
Augen lodern Flammenspiele
im Moment ich dich erspähe
Sturm wird mir den Atem rauben
Herz zerspringt, des Glücks zu viel

Tränenmeer wird überlaufen
würde sterben, doch mit Stil
überwältigt von Gefühlen
Seele gleicht einem Vulkan
Sehnsucht plätschert über Mühlen
einmal leben nur und dann …

HIMMELSGLUT

Blühend Garten der Gefühle
leuchtet Pracht im Abendrot
atemberaubend Farbenspiele
sich mir Himmels Zauber bot

Lieblich Duft jasminer Träume
moosgrün warmer Untergrund
lauer Wind in Lebensbäume
sanfter Kuss auf Honigmund

Wohlig warme Wonnewogen
heller Glanz im Sternenschein
lichtdurchflutet Flammenbogen
Schönheit Fülle nimmt mich ein

EINE REISE

Leise ganz auf meine Weise
gehe ich auf Gedankenreise
werde durch dunkle Täler schreiten
wo die Gefühle mich begleiten

Werde auf hohen Gipfeln stehen
um mir die Welt neu zu besehen
auf der Suche nach dem Ich
finde ich Hoffnung und auch mich

Komme ich dann zurück zu dir
bin ich gestärkt und ruhe in mir
schöpfe Kraft aus meiner Mitt´
die Reise war der erste Schritt

Mit neuem Blick fürs Wesentliche
bin ich dem Trugbild auf der Schliche
dem Gelde ständig nachzulaufen
um mir das Leben zu erkaufen

Denn Leben findet immer statt
auch wenn man nicht die Mittel hat
so nimm es an und füll´s mit Sinn
sonst zieht´s vorbei, nur so dahin

GLAUBENSSTARK

Meilensteine legt ihr nieder
zu viel Geröll für dich und mich
manchmal klettre ich darüber
noch selten überrollt es mich
auf der Suche nach dem Ich

Diese Stolpersteine räum ich
mit deiner Hilfe einfach fort
doch die Kraft dafür mir fehlte
weiltest du an andrem Ort
such dich in mir, find dich dort

Du, mein Glaube, trägst mich weiter
bist stets treuer Begleiter mir
bin ich traurig, stimmst mich heiter
zweifle ich, doch nicht an dir
Meilensteine, ich zerreib
in glaubensstarker Einigkeit

OHNE DICH, WÄRE ICH NICHT

Ich kenne dich nicht
doch ich vermisse dich
wo komme ich her, wer bin ich

Wenn ich dich nicht finde
weiß ich es nicht
ohne dich, wäre ich nicht

Führe mich vom Dunkel ins Licht
gib dieser Leere dein Gesicht
ohne Wurzel halte ich mich nicht

Vater, ich weiß, du bist der Ursprung für mein
Ich

NUR LIEBE

Es ist nur Liebe
die Erinnerungen schwer wie Blei
trägt mich durch schlaflose Nächte
hängt an meinen Lippen, dein Name
die Augen tränenleer
liege aufgewühlt und atemschwer
allein in zerwühlten Kissen
immer mit dem Wissen
es ist nur Liebe
die mich treibt in ruhelose Nächte
was ich noch wissen möchte
wann wird es weichen, dieses Gefühl
es ist zu viel für mich, dergleichen
möcht ich nicht mehr durchleben
unerfüllte Liebe, brodelndes Beben

DU HAST, DU HASST

Du hasst, du hast mich angespitzt
hast mir die Not ins Herz geritzt
nun blutet es in vollem Schwall
und will die Erd durchtränken
ich will dich so, auf jedem Fall
werde dir mein Leben schenken

Du hasst, du hast mich blind gemacht
erlieg dem Drang, der Übermacht
lauf schwarz gekleidet durch die Welt
selbst, wenn es dir zu tiefst missfällt
erkenne der Liebe Farbe nicht
du hasst, du hast, ich brauche dich

TÄTOWIERT

Du, mit deinem Namen
hast die Seele mir verziert
ihn mit blutroten Lettern
fein säuberlich graviert
liebevolle Erinnerungen
ins Feld der Träume tätowiert

Bevor du mich dann letztlich
für eine neue Liebe abserviert
hast du durch kühle Ignoranz
letzte Stoppeln kahl rasiert
und mir mit scharfen Worten
das Herz im Leib skalpiert

Welches nun im Schmerz verwebt
in Ketten aus Einsamkeit gelegt
meine Gedanken darin treiben
versuch, den Namen zu überschreiben
Wunschträume zu Staub verweht
was bleibt, wenn die Liebe geht

AUS FREMDEM WERDEN…

Gedankenverloren stehst du am See
dein Haar schimmert rot im Licht
dass du Kummer hast, ich versteh
auch, wenn dein Mund nicht spricht

Hilfe suchend blickst du zu mir
ich komm dir langsam näher
noch ein Schritt, ich bin bei dir
deine Augen sind tränenleer

Ich bleib hier, solang du willst
wenn du mich brauchst, ich bleibe
Einsamkeit ist´s, die du stillst
sind wir auch fremd, wir beide

DAS LEBEN ZIEHT AN DIR VORBEI

Du hast manchmal so ein Gefühl
als würdest du nicht richtig leben
als zöge es an dir vorbei
und würde dir kaum begegnen

Die Tage gehen vorbei im Flug
was hast du draus gemacht
schon ist die Nacht Erinnerung
und scheinbar nichts vollbracht

Früher schien das Leben doch
unbeschwert und greifbar nah
du lebtest deinen großen Traum
denn die Zeit dafür war da

Ich rate dir, lebe dein Ziel
greif es mit beiden Händen
das Leben ist doch viel zu kurz
um es mit Überleben zu verschwenden

ÜBERFLUSS

Manche Menschen haben alles,
was sie brauchen.

Doch brauchen sie alles,
was sie haben?

UNFASSBAR

Du kannst mehr fassen,
als du greifen kannst.

Doch kannst du mehr begreifen,
als du fassen kannst?

DIE SUCHE

Das Leben ist eine Suche
nach dem Ich.

Hast du dich gefunden,
lebe das Leben.

Denn es geht weiter,
auch ohne dich.

ERINNERUNGEN

Meinen Namen
konntest du nicht vergessen,
denn ich sagte ihn dir nicht.

Ich wollte,
dass du dich an die Liebe erinnerst
und nicht an mich.

HIMMELSSTERNE

Augenfunkeln Himmelssterne
zeigen deiner Liebe Wärme
deiner Seele sanftes Licht
Gefühle, die verbirgst du nicht

SPIEGEL DER SEELE

Die Augen des Menschen verraten dir
was ihm mit Worten nicht gelingt
sie spiegeln die Gefühle wider
die er innerlich zum Schweigen zwingt

HOFFNUNGSSCHIMMER

Wenn die liebe Seele weint
Kummer lässt das Herz ertrinken
weil wir beide nicht vereint
drohst in Einsamkeit zu versinken

Verliere deine Hoffnung nie
dass wir zwei uns wieder finden
deine Tränen, trockne sie
Zuversicht lässt Nöte schwinden

Eines Tages, eh du versehen
stehe ich dir dann gegenüber
wirst erblühen, nicht vergehen
Sehnsuchtsschmerz, er ist vorüber

VERLEUMDUNG

Du hast mich gefunden,
ich war verletzt
schwer geschunden,
dein Blick entsetzt
du warst mein Retter,
Feuerwehrmann
hast mich getragen,
nicht Böses getan
die Leute zeigten
mit Fingern auf dich
wer war es,
danach fragten sie nicht
es blieb ungesagt
kannst du mir verzeihn
keiner hat mich gefragt
ich war noch zu klein
Kinderschänder
nannten sie dich fortan
ich habe es erst
nach Jahren erfahrn
die Verleumdungen
haben dich tief verletzt
wie Hunde die Meute
wurdest du gehetzt
die Glocke im Turm
läutete ein Mann
der Strick war kurz
und du hingst daran

ICH HABE NEIN GESAGT

Ohnmacht und du machtbesessen
den Anblick kann ich nicht vergessen
ein knappes heftiges Wortgefecht
ich zeig´s dir, denn ich bin im Recht
du zerrst mich brutal mit dir nieder
keuchst heiß in mein Gesicht
deine Hand zerreißt mein Mieder
ich bin starr und wehr mich nicht

Das Nein aus meiner Kehle
ist leis und doch zu hören
du raubst mir meine Seele
lässt dich dabei nicht stören
es geht dir nicht um Liebe
es geht dir nicht um mich
sind es nur die Triebe
machtberauscht dein Ich

Du kannst nicht von mir lassen
eh letzter Wille in mir bricht
die Angst in meinen Augen
die suchst du, scheust sie nicht
und als du von mir ablässt
dein Blick ist leer und kalt
ich schwöre bei meinem Leben
dass dies nicht ungehört verhallt

Ach, niemand wird dir glauben
hast spöttisch du gelacht
das hab ich gar nicht nötig
und ob, hab ich gedacht
sodann am Tage später
dich öffentlich gemacht

IM GEDENKEN

Schenke ihnen bitte deine Zeit
zu bedauern was geschehen
senke bitte heute dein Haupt
dem Mitgefühl Ausdruck zu geben

All das unsagbare Leid
ausgelöst durch Gewalten
in diesem Moment ist es Zeit
Minuten schweigend inne zu halten

ABWÄRTS

Es schaudert mich bei dem Gedanken
was ist nur aus dir geworden
gestern warst du doch noch nüchtern
heute schwankt nicht nur dein Geist
du lässt mich hier im Abseits stehen
und das Leben hinter dir
sag mir, worin liegt der Reiz der Droge
wenn sie dich von innen frisst
dich zerstört und mir entfremdet
weil sie dir den Blick verstellt
das Betäuben wird nicht helfen
wovor willst und kannst du fliehen
all die Beulen, Kälte, Schmerzen
hast du dir selbst zugefügt
warum lässt du mich nicht Kind sein
ich hab dich vergöttert, doch was blieb
du weißt, dass es tragisch endet
ist es, bin ich dir egal
deine Gedanken sind verloren
kreisen nur noch um den Sprit
warum hast du mich geboren
wenn du gehst, oh stummer Schrei
ein Teil von mir stirbt mit dir mit

OHNE FEHL UND TADEL

Ohne Fehl und Tadel
verhalten und gefasst
sticht die spitze Nadel
dich ohn Unterlass
tief in deine Seele
mitten rein ins Fleisch
nimm den Apfel, schäle
reib ihn butterweich
dass du kannst dich fühlen
dich vom Korsett befrein
sitzt zwischen den Stühlen
und das engt dich ein
gesprengt die braven Fesseln
vorbei bornierter Schein
es ist das Groh der Nesseln
du spürst, du lebst, darfst sein

UNKRAUT
oder
die Toleranz der züchterischen Freiheit im
Wechselspiel mit der Natur

Die rote Rose spitzt ihre Dornen
es tropft das Blut aus ihren Blüten
alle Pflanzen im Garten zornen
sie muss uns vor Unkraut hüten
das da wuchert und wild wächst
wer ließ es nur hier hinein
riefen alle ganz entsetzt
es stört uns Blumen beim Gedeihn

Dieses Kraut will keiner kennen
rodet es samt Wurzel aus
wir wollen es beim Namen nennen
so sieht keine schöne Pflanze aus
ganz gewöhnlich und nicht stolz
vielleicht ist es sogar gefährlich
wir sind aus einem andren Holz
für die unsren offen, immer tolerant

Wir sagen´s hinter vorgehaltener Hand
wir, wohlgeraten, stets direkt und ehrlich

STILLER WIDERSTAND

Heerscharen fallen auf mich ein
reißen mich in Ketten nieder
Versuch misslingt, mich zu befreien
heb mein Haupt zum Trotze wieder
um ihnen dadurch zu zeigen
ungebrochen ist mein Wille
werde nicht vor ihnen neigen
demonstriere Kraft durch Stille

Keine Schreie entfahren der Kehle
kein Geheul und groß Spektakel
Körper schützt mir meine Seele
Zurückhaltung ist hier kein Makel
messerscharf ist mein Verstand
im Untergrund tobt Widerstand
denn im Stillen ich obsiege
indem ich scheinbar unterliege

ABGRUNDTIEF

Ein Vogel, der sich Mensch genannt
wollte der Sonne Strahlen sehen
dabei hat er sein Kleid verbrannt
er wollte über allem stehen

Setzte Gesetze außer Kraft
um das Gesetz allein zu sein
begann die finstre Machenschaft
so stürzten Menschheitsträume ein

Wild kreiste er durch unsere Straßen
sein Kleid verbrannt und er selbst auch
und alle, die noch Mut besaßen
zog er hinab mit seinem Rauch

Stets wird verdunkelt, nie erhellt
Verschleierung, das alte Leid
und immer, wenn ein Traum zerfällt
ist es als ob der Vogel schreit

AUF DEM HOLZWEG
(Grüne Lunge und schwarzer Humor)

Lasst uns träumen Freunde
von einer besseren Welt
auf den Bäumen Freunde
wächst uns nicht das Geld

All die Prachtalleen, abgeholzt
und der Regenwald, was soll´s
echt edles Tropenholz
darauf ist man stolz

Komm reich mir die Hand
zum Versand, führe Waren aus
aus dem Armenhaus
profitables Ziel, Kinderspiel

Solang der Laden läuft
und das Geld sich häuft
lasst uns roden, Freunde
lebt sich´s ohne Reue

NUR NOCH EINE TRÄNE

Noch eine Träne will ich weinen
bevor der Tag sich neigt der Nacht
möchte euch den Schmerz beschreiben
der mich um meinen Schlaf gebracht

Ich weine um das Leid der Erde
was der Mensch ihr zugefügt
damit er reich und reicher werde
sich dabei in die Tasche lügt

Er sägt am Ast, auf dem er sitzt
denkt an heute, nicht an morgen
doch die Narben, die er ritzt
werden unserer Kinder Sorgen

Die Tränen wachsen aus zum Fluss
können das Unrecht nicht verhindern
den sich ausweitenden Verdruss
können nur klagen und nicht lindern

Um abzuwenden der Welten Leid
braucht es Taten nach den Tränen
es ist für uns längst an der Zeit
sich gegen Profitgier aufzulehnen

Ich kann nicht allein die Erde retten
durch meinen Willen und Hände Kraft
doch dies zu bündeln und einzusetzen
wäre unsere größte Machenschaft

BRÜCKE INS LEBEN

So nimm von mir Gedanken
die mich so sehr betrüben
sie weisen mich in Schranken
und rauben mir den Frieden

So nimm mir die Traurigkeit
die mir die Sicht verstellt
mit dir naht die Gelegenheit
dass sich mein Tag erhellt

So nimm mir die Einsamkeit
sie ist treuer Begleiter mir
schenk mir etwas deiner Zeit
und ich danke dir dafür

Sei ein Licht in dunkler Nacht
die mir endlos lang erscheint
ein Engel der über mich wacht
und mit mir lacht und weint

Bring das Leben mir zurück
in dem es tost und schallt
dir so nah, welch ein Glück
gibt meinem Ich den Halt

WERMUTSTROPFEN

In Erinnerung an die Zeit, in der wir waren
beflügelt von unbeschwerter Jugend
nur dem Jetzt und Hier verpflichtet
unsere Träume zogen mit den Wolken

Im Glauben an die Zeit, in der wir sind
getragen von Erfahrungen aus Gelebtem
dem Heute und Morgen zugewandt
Traumpausen widerspiegeln die Realität

Im Vertrauen auf die Zeit, in der wir wären
schwebend in Wünschen und im Hoffen
der Zukunft weltoffen gegenüber stehend
Veränderungen entwickelten Weitsichtigkeit

ZEIT LEBENS

So viele Jahre in deinem Gesicht
die Erfahrung, die aus dir spricht
all das Glück, die Traurigkeit
die Ruhe und Gelassenheit

Das Leuchten in deinen Augen
dein Erzählen, kraftvoll glauben
all die Erinnerung aus Jahren
weitergeben und erfahren

So viel Angst vor dem letzten Tag
da ich dich bewundernd mag
zu wenig Zeit mit dir verbracht
ich wünsche dir eine gute Nacht

ALLEIN

Bin des Alleinseins müde
suche Trost wohl in der Masse
zum Zwecke der Begegnung
trete ich raus auf die Straße

Blicke seelenloser Hüllen
fange ich im Gedränge ein
Menschen in Eile und Hektik
fühle mich verloren und allein

Zuhause in meinem Zimmer
kann Gedanken ich befrein
der Platz an meinem Fenster
ist reserviert für mich allein

ABSCHIED

Abend wirft sein schwarzes Tuch
über Bäume - deren Grün
noch nach sattem Leben sucht
doch es ist dahin, dahin

Dunkelheit auf deinem Blick
wo gestern noch ein Licht
du kommst nicht zu mir zurück
doch glauben kann ich´s nicht

Tränen schwer ruht meine Hand
auf deinem starren Leib
fassungslos irrt der Verstand
und meine Stimme schweigt

Warst ein wahrer Freund im Leben
ein Begleiter durch die Zeit
werde letztes Geleit dir geben
die Verzweiflung macht sich breit

Abschied sticht mir tief ins Herz
ich will nicht von dir gehen
Erinnerung überrollt vom Schmerz
nun ohne dich zu leben

Abend wirft sein schwarzes Tuch
über Träume, die da blühen
ich nach Spuren des Lebens such
doch es ist dahin, dahin

LEBENSWERTE ZEIT

Das Leben hat mich Kraft gekostet
ich habe ihm all meine Zeit gegeben
seid nicht traurig, doch mich frostet
ich werde scheiden aus dem Leben

Schöne Jahre liegen hinter mir
mit wahrhaft erfüllten Tagen
bevor ich den freien Willen verlier
werde ich Verantwortung übertragen

Mich zu dem Schritt entschließend
könntest du mich dabei begleiten
möcht die Lieben nicht verdrießen
bis dato noch allein entscheiden

Hilf mir bitte in Würde zu gehen
mich erwartet nur noch Siechtum
nicht jeder mag mich hier verstehen
doch meine lebenswerte Zeit ist um

SCHLAF MAMA

Alle Lichter sind erloschen
denn ich habe dich verloren
Sprüche klingen abgedroschen
stoßen nur auf taube Ohren

Stehe heut an deinem Grab
du hast mich zu früh verlassen
alles, was ich nun noch hab
ist in Erinnerung zu fassen

Erkenne am Horizont kein Licht
der Verlust, er ist zu groß
ich sehe vor mir dein Gesicht
deine Hand, ich lass sie los

Mama schlaf, ich lass dich gehen
bin nicht erwachsen, nicht mehr Kind
wir werden uns erst wiedersehen
wenn wir vereint im Himmel sind

DEIN LIED

Der Trommelwirbel ist verklungen
für den Moment ist Stille hier
die Gitarre hat ihr Leid besungen
gleich danach trauert das Klavier

Die Geige fängt zu klagen an
und ich fühle tiefe Schmerzen
der Tränenfluss, er bricht sodann
den Damm zu meinem Herzen

Atmen fällt mir endlos schwer
mein Blick Tränen verhangen
ich fühle mich verlassen, leer
seit du von uns gegangen

Mein Liebling, es ertönt dein Lied
jedes Wort wie ein Messerstich
weil nackt hier meine Seele liegt
Schatz, so sehr vermiss ich dich

Der Trommelwirbel bricht heran
die Gitarre schweigt diesmal
die Geige fängt zu weinen an
dein Licht verlässt den Saal

ER LEBT IN DIR

Meine zitternd alten Hände
streicheln sanft dein Kindgesicht
nun hat die Traurigkeit ein Ende
in dir brennt sein Lebenslicht

All mein Kummer ist verflogen
dein Lächeln hat mich aufgeweckt
deinen Opa habe ich verloren
doch sein Vermächtnis in dir lebt

Du hast wie er so güt´ge Augen
strahlend blau wie der Planet
und du machst mich damit glauben
dass der Mensch im Menschen lebt

Denn ich find in deinem Wesen
was mir lieb und so vertraut
ich kann in deinen Augen lesen
dass Opa lächelnd auf dich schaut

DEM HERZEN FOLGEND

Vergreist sind meine Glieder
die Nacht, sie ist so weit
Ich hör die alten Lieder
aus längst vergang´ner Zeit

Noch einmal will ich reisen
an jenen schönen Ort
wo wir zusammen speisten
denn heute bist du fort

Der Blick, er ist verhangen
Musik, sie fällt in Scherben.
du bist von mir gegangen
und morgen werd ich sterben

AM UFER DER ZUVERSICHT

Ich lebe am Ufer der Zuversicht
schreite der Hoffnung entgegen
aus dem Schatten bricht ein Licht
so wandle ich auf fernen Wegen

Mit jedem Schritt wird mir klar
ich hinterlasse für dich Zeichen
bist du am Weg, wo ich schon war
stelle auch du dir deine Weichen

Du findest ganz für dich allein
deinen eigenen Pfad ins Glück
ich werde immer mit dir sein
schau nach vorn und nicht zurück

DAS LEBEN

Hoffnungsvoll des Lebens Lied
welches tief in mir erklingt
ich bin meines Glückes Schmied
weil´s Leben mir nur so gelingt

Sehnsuchtsvoll der Liebe Klang
mich begleitend durch die Zeit
ihre Erfüllung stets mein Drang
ich öffne ihr das Herz ganz weit

Veränderung in ihrer Stärke
ich passe mich ihr ständig an
in Achtung vor Natures Werke
dass jeder friedvoll leben kann

Hoffnungsfroh erfüllt vom Leben
möchte ich jeden Tag genießen
in Dankbarkeit mich hinzugeben
meinen Frieden zu beschließen

REICH BESCHENKT

Ich bin reich in deiner Nähe
reich an Liebe, Zärtlichkeit
alles, was ich mir erflehe
bist du zu geben mir bereit

Ich bin arm ohne dein Lachen
arm an Lebenslust und Freude
würde mich auf die Suche machen
ehe ich ohne dich Zeit vergeude

Ich bin schwer in deinen Armen
schwer verliebt, vom Glück geküsst
mag mich an der Umarmung laben
weil sie Geborgenheit für mich ist

Ich bin leicht in deinen Augen
leicht nervös, erregt durch dich
magst du meinen Worten glauben
weil jedes der Wahrheit entspricht

WÄRME

Weil ich deine Wärme spüre
in jedem Wort, was du mir sprichst
weil deine Worte mich berühren
mit denen du das Eis sanft brichst

Weil dir Licht strahlt aus den Augen
was mir ganz tief ins Innere scheint
du bestärkst mich in dem Glauben
dass wahre Zuneigung uns vereint

Deine Worte sind wie Balsam
für mich und meine wunde Seele
dein Verständnis ist so heilsam
Schmerz entfährt mir durch die Kehle

Ich möchte dir gern dafür danken
dir sagen, was mich fröhlich macht
an gesunden Tagen und an kranken
hast du mit Zuwendung mich bedacht

ANGEKOMMEN

Ich fahre herum, mich treibt es um
durch die Zeit in der Einsamkeit
dann kehr ich heim zu meiner Kleinen
und ihre Hand ruht in der meinen

Mal fühl ich mich unendlich schwer
und nichts geht mehr, geht voran
dann schau ich mir ihr Lächeln an
ihr liebes Gesicht, was Bände spricht

Wenn was in mir zu zerbrechen droht
dann hilft von ihr ein einz´ges Wort
sie schaut mich an, ich denke daran
wie sehr ein Kind bereichern kann

Des Lebens Kraft liegt in der Macht
weil Liebe Licht in Herzen entfacht
ein Stück von mir lebt auch in ihr
und ich bin froh und dankbar dafür

STAUB BEDECKT

Staub bedeckt sind die Gebeine
die einst tanzten übers Land
auf der Erde nur noch Steine
zwischen losem Meer aus Sand

Kein Leben hoch in den Lüften
und keines rings in der Natur
verpestet alles von den Giften
Finsternis der Menschheit Spur

Wird es einmal bittre Wahrheit
auf ein Wunder hoff ich minder
schafft Abhilfe und euch Klarheit
denkt doch auch mal an die Kinder

Staub bedeckt sind die Gebeine
die einst tanzten übers Land
auf der Erde nur noch Steine
wenn keiner einen Ausweg fand

Zeitfracht Medien GmbH
Ferdinand-Jühlke-Straße 7
99095 Erfurt, Deutschland
produktsicherheit@kolibri360.de